# Être français

La collection *l'Aube poche essai*
est dirigée par Jean Viard

© Éditions de l'Aube, 2011
et 2014, pour la présente édition
www.editionsdelaube.com

ISBN 978-2-8159-0979-2

Patrick Weil

# Être français

Les quatre piliers de la nationalité

éditions de l'aube

Une première version de ce texte est parue dans *Le Monde* daté du 24 août 2010.

Le 8 mars 1872, quelques mois après la victoire de la Prusse face à la France dans la guerre de 1870-1871, Francis Lieber, professeur à l'université Columbia (New York), d'origine prussienne, écrit à son ami Charles Sumner, sénateur antiesclavagiste du Massachusetts, depuis longtemps francophile :

« J'ai reçu de Berlin un appel à collecter des fonds parmi les Allemands d'Amérique afin de participer à l'édification d'une fondation Bismarck à l'université de Strasbourg… Le gouvernement allemand est à l'évidence très attaché à faire de Strasbourg une université de premier rang, ce qui n'est pas sans signifier quelque chose. Les Français l'ont négligé.

Mais ils ont négligé et négligent toujours tout, sauf Paris. J'en reviens à ma vieille question : qu'est-ce qui fait que les Français sont le seul peuple capable de convertir des peuples conquis ? Ceux-ci ne reçoivent aucun bénéfice de la France. Et pourtant, ils parlent pour la France. Ni les Allemands, ni les Anglais, ni les Américains n'y arrivent. Qu'est-ce que c'est ?[1] »

À cette question, Sumner a déjà répondu : il considère que l'égalité devant la loi, principe contenu dans la Déclaration française des droits de l'homme et du citoyen de 1789, est le plus important des droits de l'homme, et il a voulu l'introduire dans la Constitution américaine[2]. Ce qui explique l'attachement du Strasbourgeois à la France, c'est donc que, français, il était l'égal du Parisien bien qu'éloigné de lui sur le plan culturel – par la langue germanique et la religion, souvent protestante –, tandis que, allemand depuis 1871, il est devenu inférieur au Prussien de Berlin, l'Alsace-Moselle ayant un statut de colonie dans le nouvel Empire allemand.

Chaque État-nation se réfère à une géographie, à une histoire et au sentiment de partager avec d'autres citoyens – par le lien de nationalité – un destin commun. Mais ces traits communs glorifiés, exaltés, conduisent au nationalisme le plus absurde. Quelques mois après avoir entendu, le 25 juin 1940, le maréchal Pétain invoquer la terre définie comme « la patrie elle-même » qui « ne ment pas[3] », des Français envoyés au service du travail obligatoire (STO) découvrent avec surprise en passant les frontières de la Belgique, puis de l'Allemagne, que « c'est toujours la même terre, des arbres, des vaches, des labours, des rivières – aucun signe, aucune rupture –, on glisse », ou que des paysages de l'Allemagne sont « semblables à ceux de la Dordogne[4] ».

Les traits communs à tous les États-nation ne disent pas les valeurs et les croyances qui, traduites dans des institutions et des conduites, symbolisent la spécificité de chacun. Quatre « piliers » me semblent constituer un code sociopolitique de la France – pour les Français et aux yeux du monde. Produits de notre histoire, ils inscrivent la permanence de la France, au-delà de l'Europe, dans le monde qui vient. Ils ont résisté à de nombreuses contestations, aux changements de gouvernements, de Constitutions, de régimes politiques. Ils sont autant une référence qu'un programme d'action toujours à réaliser.

D'abord, ce principe d'égalité qui permettait l'identification à la France des habitants des provinces conquises. Transformé et renforcé durant la Révolution, il s'inscrit dans des dispositions importantes du code civil, devenu par sa pérennité, plus qu'aucune de ses constitutions politiques, la Constitution matérielle de la France[5]. La succession des citoyens est, par exemple, fondée sur l'égalité des enfants – mâles et femelles. Tocqueville y voyait la base de la démocratie[6]. Puis la langue française, langue de l'État depuis 1539, a été un instrument d'unification culturelle du royaume de France puis de la République. Outil d'émancipation et de débats, de l'école pour tous, son statut au cœur de la République des lettres donne à la culture et à l'intellectuel en France une place sans pareille.

Ensuite, la mémoire positive de la Révolution que nous partageons avec les Américains mais qu'aucun autre peuple d'Europe ne possède[7]. Ni l'Italie, ni l'Espagne, ni l'Angleterre, ni l'Allemagne. Malgré la Terreur et d'autres excès, elle reste une référence qui se traduit par une approche positive des mobilisations de masse. La laïcité, enfin, repose depuis 1905 sur trois principes : la liberté de conscience, la séparation des Églises et de l'État, et le libre exercice de tous les cultes. Elle s'est imposée depuis 1945 comme la référence commune de croyants de plus en plus divers, et d'athées ou d'agnostiques de plus en plus nombreux.

Forces et facteurs d'unification et de transformation, ces piliers représentent l'indifférenciation – l'assimilation – à laquelle chacun aspire dans certaines situations, autant que le respect de sa particularité dans d'autres. Et ces piliers ont suscité d'autant plus l'adhésion qu'ils ont souvent été mis en œuvre dans la reconnaissance de cette diversité des Français, dans un équilibre qui leur offre la possibilité de circuler entre des identités composées.

L'égalité des droits a été sous l'Ancien Régime attribuée dans le respect de la diversité culturelle et linguistique des provinces rattachées au Royaume de France. Les habitants d'Alsace, de Flandre ou du Roussillon usèrent de ces droits pour défendre leurs intérêts dans des conflits entre particuliers. Mais ils finirent par leur « coller à la peau » et devenir un élément central de leur identification à la France[8].

Plus tard, sous la IIIe République, l'école « s'ingénie à nous rendre tous pareils[9] », mais l'enseignement du français s'accommode de la magnification des petites patries et de l'usage de la langue régionale, parfois même qualifiée de maternelle[10]. La loi de 1905 permet au judaïsme et au protestantisme de développer une nouvelle diversité, indépendante des anciennes structures officielles. Après 1918, l'Alsace-Moselle conserve son ancien statut et un compromis est trouvé avec le Vatican. Après 1945, la question de l'école privée est progressivement résolue.

Cette même approche d'assimilation juridique et d'acceptation de la diversité est adoptée lorsque la France devient à la fin du XIXe siècle un pays d'immigration. Par souci d'égalité, les enfants d'immigrés acquièrent la nationalité française automatiquement. Mais la double nationalité est aussi acceptée. Pourtant, le débat a lieu en 1922. Des Allemands installés en Alsace avant 1914 peuvent ainsi devenir français tout en conservant la nationalité allemande. Le Parlement considère que l'on doit « admettre, jusqu'à preuve du contraire, qu'une personne ayant acquis la nationalité française n'est point suspecte et dangereuse par le seul fait qu'elle conserve des intérêts moraux et pécuniaires dans le pays qu'elle a quitté[11] ». Ses dirigeants avaient confiance en la France, ils en connaissaient ses principes unificateurs et avaient appris à les appliquer avec souplesse et pragmatisme. C'est cet esprit qui fait trop souvent défaut aujourd'hui.

Entre 2007 et 2012, les choix effectués au plus haut niveau de l'État ont brouillé et accentué les tensions : ce fut d'abord la remise en cause directe de certains piliers de notre République puis, devant leur résistance, le choix d'y semer, par une application rétrécie, la confusion. En matière de laïcité par exemple, Nicolas Sarkozy s'est d'abord, au nom de la France, excusé auprès du pape de la loi de 1905[12], loi pourtant, libérale respectueuse de toutes les options spirituelles. Puis il a loué le prêtre ou le croyant au détriment de l'instituteur ou de l'athée, à rebours de la neutralité imposée dans l'État et du respect égal de toutes les options spirituelles[12]. L'ampleur des réactions lui fit faire machine arrière. Ensuite, au lieu d'appliquer avec intelligence les principes de la laïcité, il a stigmatisé les citoyens de culture musulmane en les associant d'abord à des pratiques rituelles conduites dans l'illégalité puis en menant un combat récurrent, public et publicisé contre la *burqa*, comme s'il souhaitait les mettre en permanence dans l'obligation de se justifier et d'exprimer leur distance à l'égard de pratiques extrêmes.

Le soupçon de présence illégitime a été instillé à l'encontre de nos compatriotes d'origine africaine ou méditerranéenne par des mesures qui se sont succédé : création du ministère de l'Immigration et de l'Identité nationale, tentative heureusement échouée de réformer la Constitution pour appliquer une politique d'immigration « choisie », fondée sur des quotas par origine géographique pour en exclure l'Afrique et la Méditerranée. Ce fantasme de l'identité nationale, avec son obsession des « racines », créant des distinctions entre Français, ignorante et destructrice des valeurs fondamentales de la République, a atteint son apogée lors du discours de Grenoble du 30 juillet 2010. Nicolas Sarkozy y proposait non seulement de déchoir de la nationalité toute personne « d'origine étrangère », créant ainsi une distinction qui n'avait jamais été faite par l'autorité publique depuis Vichy. Il y évoqua aussi « cinquante années d'erreurs de la politique d'immigration ». En visant les politiques menées par de Gaulle et Pompidou, coupables à ses yeux d'avoir fait venir des immigrés d'Afrique, Nicolas Sarkozy semblait dire à leurs enfants : « Vous êtes là, légalement, je n'y peux rien. Mais j'aurais souhaité que vous ne soyez pas là. »

Ce soupçon d'usurpation pesait aussi sur la loi Taubira, celle de 2001, qui ne cessait de devoir se justifier d'exister pour avoir simplement reconnu que l'esclavage était un crime contre l'humanité ; simple rappel en fait pour ceux qui avaient oublié que dès

1848, la République avait déclaré l'esclavage crime de « lèse-humanité[13] » et l'avait puni comme tel[14].

Depuis 2012, les discours présidentiels ont été rectifiés. La République, ses piliers y sont à nouveau honorés. Ils n'ont fait cesser ni les attaques ni les soupçons.

Un prétexte souvent invoqué est la nouveauté du temps présent qui serait celui de « l'ébranlement de notre identité historique » d'État-nation, de la confusion entre mémoire et histoire, de l'émergence des identités de groupe[15] ou de la présence de populations immigrées qui refuseraient de s'intégrer. Nous vivons, il est vrai, une mondialisation sans précédent des échanges, tandis que la France est devenue le pays d'Europe au plus grand nombre de bouddhistes, de juifs mais surtout de musulmans, d'athées ou d'agnostiques.

## ÊTRE FRANÇAIS

Cette globalisation du monde aurait pu sonner la fin des valeurs nationales, lesquelles ne sont, après tout, des constructions sociales durables que parce qu'on les pratique et parce qu'on y croit. Or, dans cette France de plus en plus diverse, l'adhésion au principe de la laïcité est par exemple très élevée, et le sentiment d'appartenance à une même nation plus fort que partout ailleurs en Europe.

Au printemps 2006, quelques mois après les émeutes de l'automne 2005, deux ans après l'interdiction des signes religieux ostensibles dans les écoles publiques, l'enquête d'un *think tank* américain, le Pew Research Center, fait ainsi apparaître qu'au Royaume-Uni, seuls 7 % des musulmans britanniques se sentent d'abord britanniques (alors que 82 % se sentent d'abord musulmans). En France, 42 % des musulmans se sentent d'abord français, contre 46 % d'abord musulmans, dans un pays où la moitié des musulmans ne sont pas de nationalité française. C'est en France que le degré d'opinion favorable des chrétiens et des musulmans vis-à-vis les uns des autres est le plus élevé. Et c'est le seul pays d'Europe où les musulmans ont en majorité – 74 % – une opinion favorable des juifs[16]. Ces résultats sont confirmés un an plus tard par une enquête *Financial Times*-Louis Harris, menée aux États-Unis et dans les cinq plus grands pays européens : la France est le seul pays dans lequel une majorité (69 %) dit avoir un ou plusieurs amis musulmans (contre 38 % des Britanniques et 28 % des Américains)[17].

Il ne s'agit pas de nier ici les tensions. Elles proviennent d'abord du refus – très minoritaire – de l'intégration, que l'on peut appeler « communautarisme » lorsque la primeur est donnée aux lois d'un groupe sur celles de la

République. Mais elles peuvent provenir aussi des responsables politiques pour qui les mots de division sont des armes dans une stratégie de la tension. Quand une autorité de la République cherche à délégitimer, par des discours répétés, la présence dans la nation française d'un certain nombre de ses concitoyens, cela crée bien évidemment chez les « attaqués » un sentiment d'insécurité juridique et identitaire qui pousse au retrait, au refuge vers d'autres affiliations et contribue naturellement à créer la discorde.

Mais les valeurs de notre République sont universelles, et les Français n'ont pas assez conscience de leur force. La laïcité à la française est un modèle très attractif car il est fondé sur la liberté absolue de conscience, à la fois la liberté de religion et la liberté à l'égard de toute religion. L'État n'est pas hostile à la religion comme il peut l'être en

Chine. Il ne lui est pas favorable comme peuvent l'être les États-Unis. Il est neutre et indifférent, et seulement sensible à la liberté de l'individu. La laïcité française n'est hostile à aucune croyance. Elle est juste amie et protectrice de la plus complète liberté de conscience de chacun. Et c'est cette particularité qui maintient ce modèle populaire et attractif dans le monde. Alors des frictions sont « normales » dès lors que de nouveaux arrivants dans un pays sont confrontés à une culture ou une histoire qui ne sont pas tout à fait les leurs. Ils doivent s'y adapter ; parfois ils réclament une reconnaissance culturelle. Cette quête légitime d'égalité de traitement oblige parfois à des ajustements qui doivent combiner tradition, égalité et diversité.

C'est ce type de démarche qu'a eu en 2003 la commission Stasi en matière de laïcité : d'un côté, l'interdiction des signes religieux ostensibles dans l'espace particulier de l'école, là où leur instrumentalisation troublait la liberté de conscience d'autrui ; de l'autre, l'attribution à l'islam des mêmes droits qu'aux autres religions (création d'aumôneries dans l'armée, les prisons ou les hôpitaux, projet d'un jour férié au choix pour toutes les religions).

Le même type de travail d'inclusion non dans la loi mais dans la mémoire nationale avait été réclamé par nos compatriotes d'outre-mer. Arrivés en métropole à la fin des années 1950, ils avaient été surpris de constater que la nationalité et la citoyenneté française n'étaient pas une garantie contre le racisme et les discriminations. L'histoire dont ils étaient issus n'y était ni connue ni enseignée. La loi Taubira est donc venue en 2001 réparer cet oubli, célébrant l'abolition de l'esclavage - conquise par les esclaves et les abolitionnistes - dans une histoire partagée.

## ÊTRE FRANÇAIS

Pour la colonisation, le travail de mémoire et d'histoire partagées, plus complexe, reste à faire. Mais on n'est plus au temps de Renan, quand l'oubli des divisions passées était considéré comme nécessaire à la construction de la nation. Des citoyens adultes peuvent être confrontés à des vérités dérangeantes de l'histoire nationale sans perdre le sentiment d'appartenir au même projet, bien au contraire.

La France n'a pas à craindre des identifications à une région, au pays d'origine ou à une religion : elles se composent le plus souvent avec l'appartenance à la nation et l'adhésion à ses valeurs historiques. Le risque est plutôt dans l'exacerbation et la dramatisation des différences, ou dans l'interprétation des demandes de reconnaissance comme des refus d'appartenance.

Rappelons-nous ce que, interrogé en 1968 dans la revue *Esprit* sur le risque de double allégeance que ferait courir à la nation la solidarité manifestée par les juifs de France à l'égard d'Israël en 1967, Emmanuel Levinas répondait : « Vérité et destin… ne tiennent pas dans les catégories politiques et nationales. Ils ne menacent pas plus l'allégeance à la France que ne la menacent d'autres aventures spirituelles… Être juif pleinement conscient, chrétien pleinement conscient, c'est toujours se trouver en porte-à-faux dans l'Être. Vous aussi, ami musulman, mon ennemi sans haine de la guerre des Six-Jours ! Mais c'est à de telles aventures courues par ses citoyens qu'un grand État moderne, c'est-à-dire serviteur de l'humanité, doit sa grandeur, son attention au présent et sa présence au monde[18]. » Ces valeurs universelles, la tâche des dirigeants du pays est d'abord de les incarner et de les faire vivre.

# Notes

1. *Library of Congress,* Charles Sumner papers, microfilms, box 84, extrait d'une lettre du 8 mars 1872. Réfugié prussien aux États-Unis en 1827, Francis Lieber (1798-1872) a fondé l'étude systématique des gouvernements, c'est-à-dire la science politique américaine. Il a d'ailleurs occupé la première chaire consacrée à cette discipline à l'université Columbia à New York, en 1858. Cf. Bernard Crick, *American Science of Politics, Its Origins and Conditions*, London, Routledge & Kegan Paul, 1959, p. 1518.

2. Charles Sumner (1811-1874), sénateur du Massachusetts, désirait introduire dans la Constitution américaine l'amendement suivant : « *All persons are equal before the law, so that no person can hold another as a slave.* » Selon son biographe, l'historien américain David Donald, il avait emprunté le passage « égal devant la loi » à la Déclaration française des droits de l'homme et du citoyen. Quand il proposa cet amendement au Sénat américain, son collègue le sénateur Jacob M. Howard (Michigan) le supplia « de rejeter toute référence aux Constitutions françaises ou aux Codes français et d'en revenir au bon vieux langage anglo-saxon utilisé par nos Pères dans l'ordonnance de 1787 ». Sumner pensait que les conservateurs s'y opposaient parce que le concept d'égalité ne venait pas d'Angleterre, « parce que cette idée trouvait peu de soutien dans ce royaume fondé sur la hiérarchie ». David H. Donald, *Charles Sumner and the Rights of Man*, New York, Alfred A. Knopf, 1970, p. 149-156.

3. Philippe Pétain, « Appel du 25 juin 1940 », in Philippe Pétain, *Discours aux Français*, édition établie par J.-C. Barbas, Paris, Albin Michel, 1989, p. 63-66.
4. In Patrice Arnaud, *Les STO. Histoire des Français requis en Allemagne nazie, 1942-1945*, Paris, CNRS éditions, 2010, p. 40.
5. « [M]atériellement, sociologiquement si l'on préfère, [le Code civil] a bien le sens d'une constitution, car en lui sont récapitulées les idées autour desquelles la société française s'est constituée au sortir de la Révolution et continue de se constituer de nos jours encore, développant ces idées, les transformant peut-être, sans avoir jamais dit les renier. » Jean Carbonnier, « Le Code civil », in Pierre Nora (dir.), *Les Lieux de mémoire*, vol. 2, Paris, Gallimard, 1986, p. 292-315, p. 309.
6. « Je m'étonne que les publicistes anciens et modernes n'aient pas attribué aux lois sur les successions une plus grande influence dans la marche des affaires humaines. [...] Elles

devraient être placées en tête de toutes les institutions politiques, car elles influent incroyablement sur l'état social des peuples, dont les lois politiques ne sont que l'expression. Elles ont de plus une manière sûre et uniforme d'opérer sur la société. […] Constituée d'une certaine manière, elle réunit, elle concentre, elle groupe autour de quelque tête la propriété, et bientôt après le pouvoir, elle fait jaillir en quelque sorte l'aristocratie du sol. Conduite par d'autres principes et lancée dans une autre voie, son action est plus rapide encore ; elle divise, elle partage, elle dissémine les biens et la puissance ; […] elle broie, ou fait voler en éclats tout ce qui se rencontre sur son passage, elle s'élève et retombe incessamment sur le sol, jusqu'à ce qu'il ne présente plus à la vue qu'une poussière mouvante et impalpable, sur laquelle s'assoit la démocratie. » Alexis de Tocqueville, *De la démocratie en Amérique,* Paris, Vrin, 1990, t.1, p. 39-40.

7. Bruce Ackerman, empruntant à Hannah Arendt sa conception de la Révolution non pas comme

processus de transformation sociale, mais comme œuvre de transformation de la conscience politique, un moment de redécouverte de la citoyenneté, a montré comment la mémoire positive de la révolution américaine a eu et a toujours des effets sur la vie politique américaine. Bruce Ackerman, *Au nom du Peuple, les fondements de la démocratie américaine*, traduction de Jean-Fabien Spitz, Paris, Calmann-Lévy, 1998. Pour la comparaison franco-américaine, cf. ma préface à cet ouvrage de Bruce Ackerman.

8. Peter Sahlins, *Frontières et Identités nationales : la France et l'Espagne dans les Pyrénées depuis le XVII<sup>e</sup> siècle*, Paris, Belin, 1996, p. 129.

9. Mona Ozouf, *Composition française. Retour sur une enfance bretonne*, Paris, Gallimard, 2009, p. 105.

10. Cf. Jean-François Chanet, *L'École républicaine et les petites patries*, préface de Mona Ozouf, Paris, Aubier, 1996.

11. Rapport de M. Frédéric Eccard, sénateur du Bas-Rhin, sur le projet de loi relatif à la

déchéance de la qualité de Français, *Doc. parl. Sénat*, 7 décembre 1922, n° 734.
12. Dans son discours du 20 décembre 2007 au palais du Latran à Rome (Italie), Nicolas Sarkozy déclare : « Je sais que l'interprétation de la loi de 1905 comme un texte de liberté, de tolérance, de neutralité, est en partie […] une reconstruction rétrospective du passé. » Il fait ainsi fi de l'histoire – cette loi n'a jamais été antireligieuse. Les évêques de France l'avaient d'ailleurs massivement approuvée, et c'est le Vatican qui s'y était opposé. Puis il ajoute : « Dans la transmission des valeurs et dans l'apprentissage de la différence entre le bien et le mal, l'instituteur ne pourra jamais remplacer le curé ou le pasteur, même s'il est important qu'il s'en approche, parce qu'il lui manquera toujours la radicalité du sacrifice de sa vie et le charisme d'un engagement porté par l'espérance. » http://www.elysee.fr/president/lesactualites/discours/2007/allocutiondemlepresidentdelarepublique.7012.html.

13. C'est le rapport fait au ministre de la Marine et des Colonies par la commission présidée par Victor Schoelcher et instituée le 4 mars 1848 pour préparer l'acte d'abolition immédiate de l'esclavage qui évoque, en ce qui le concerne, « un crime de lèse-humanité ». Victor Schoelcher, *Esclavage et Colonisation*, introduction de Aimé Césaire, préface de Jean-Michel Chaumont, PUF, coll. Quadrige, 2007, p. 141.
14. L'article 8, § 1, décret du 27 avril 1848, abolit définitivement l'esclavage et défend à tout Français de posséder, d'acquérir de vendre des esclaves ou de participer même indirectement au trafic de la chair humaine, *sous peine d'être déchu de la nationalité française*, par une simple décision administrative. Certes, la disposition ne s'applique qu'à ceux qui ont acquis des esclaves à titre onéreux ou qui en ont fait le commerce après le 27 avril 1848. Mais elle s'applique cependant : cette déchéance automatique empêche par exemple les descendants

d'un dénommé du Repaire de Truffin installés à Cuba de pouvoir, quelques décennies plus tard (en 1928), se prévaloir de la qualité de Français (cf. Archives diplomatiques, Contentieux, Affaires diverses, 377). Cette disposition est contestée par les juristes les plus éminents. Pour André Weiss, il s'agit « d'une anomalie, d'une exception…, d'une peine plus dure que l'interdiction légale, que la dégradation civique, [qui pourrait être] encourue de plein droit par un de nos nationaux, sans qu'aucun jugement l'ait prononcée contre lui ». (André Weiss, *Droit international privé*, Paris, Larose et Tenin, t.1, 1907, 2e éd., p. 566) Les contemporains ont conscience qu'ils punissent là ce que l'on appelle aujourd'hui « un crime contre l'humanité ». En 1883, dans le cadre du débat parlementaire qui aboutira après quelques années à la grande loi sur la nationalité de 1889, au Sénat, le rapporteur M. Batbie, professeur à la faculté de droit de Paris, souhaite, comme la majorité des juristes, l'abrogation de la disposition de 1848, parce que son application risque de créer des apatrides : « On m'objecte que ce Français s'est mis hors du droit de l'humanité… Il y a bien d'autres criminels qui se placent par des faits plus graves en dehors des lois de l'humanité » (M. Batbie, séance du 8 février 1887, Sénat). Si la terminologie n'est pas encore tout à fait là, le concept de crime contre l'humanité est bien *de facto* présent dans le droit français depuis 1848. Cette disposition reste en vigueur presque un siècle, jusqu'à la promulgation de l'ordonnance du 18 octobre 1945 sur la nationalité, à un moment où les vieilles colonies prennent le statut de droit commun et égalitaire de départements d'outre-mer. Ainsi, Françoise Chandernagor se trompe lorsqu'elle indique que la notion de crime contre l'humanité est récente (Françoise Chandernagor, « L'histoire sous le coup de la loi », in Pierre Nora, Françoise Chandernagor, *Liberté pour l'histoire,* CNRS éditions, Paris, 2008, p. 42).

15. Cf. Pierre Nora, « Les avatars de l'identité française », *Le Débat*, n° 159, mars-avril 2010, p. 4.
16. Pew research center, *Pew global attitude project*: *15 nation survey* (Printemps 2006).
17. Ce sondage *Financial Times*/Harris Poll a été mené en ligne par Harris Interactive auprès d'un total de 6398 adultes (de 16 à 64 ans) en France (1029), Allemagne (1086), Grande-Bretagne (1111), Espagne (1061) et États-Unis (1055) ainsi que d'adultes (de 18 à 64 ans) en Italie (1056) entre le 1er et le 13 août 2007. Les résultats de l'enquête sont accessibles par les liens suivants : http://www.harrisinteractive.com/news/FTHarrisPoll/HI_FinancialTimes_HarrisPoll_Aug2007_Tables_US.pdf et http://www.harrisinteractive.com/news/FTHarrisPoll/HI_FinancialTimes_HarrisPoll_Aug2007_Tables_EU.pdf.
18. Emmanuel Levinas, « L'espace n'est pas à une dimension », *Esprit*, avril 1968, p. 617-623.

## Du même auteur :

*La France et ses étrangers. L'aventure d'une politique de l'immigration de 1938 à nos jours*, Calmann-Lévy, 1991 ; nouvelle édition refondue, Gallimard, Folio Histoire, 2005.
*Nationalité et Citoyenneté en Europe* (dir. avec Randall Hansen), La Découverte, « Recherches », 1999.
*Qu'est-ce qu'un Français ? Histoire de la nationalité française depuis la Révolution*, Grasset, 2002 ; édition revue et augmentée, Gallimard, « Folio Histoire », 2005.
*L'Esclavage, la Colonisation et après… : France, États-Unis, Royaume-Uni* (dir. avec Stéphane

Dufoix), PUF, 2004.

*La République et sa diversité. Immigration, intégration, discriminations*, Seuil, République des idées, 2005.

*L'Étranger en question : du Moyen Âge à l'an 2000* (dir. avec Marie-Claude Blanc-Chaléard et Stéphane Dufoix), éditions Le Manuscrit, « Manuscrit Université », 2005.

*Politiques de la laïcité au XX$^e$ siècle* (dir.), PUF, 2007.

*Liberté, Égalité, Discriminations. L'identité nationale au regard de l'histoire*, Grasset, 2008 ; Gallimard, Folio Histoire, 2009.

*Être français. Les quatre piliers de la nationalité*, l'Aube, 2010.

*80 propositions qui ne coûtent pas 80 milliards* (dir.), Grasset, 2012

*The Sovereign Citizen : Denaturalization and the Origins of the American Republic*, Pennsylvania University Press, 2013

## Chez le même éditeur

Isabelle Albert, *Le trader et l'intellectuel. La fin d'une exception française*
François Ascher, *Les nouveaux principes de l'urbanisme*, suivi de *Lexique de la ville plurielle*
François Ascher, *L'âge des métapoles*
Alain Badiou, *D'un désastre obscur. Droit, État, politique*
Laurent Bazin, Pierre-Henri Tavoillot, *Tous paranos ? Pourquoi nous aimons tant les complots…*
Guy Bedos, Albert Jacquard, *La rue éclabousse*
Guy Bedos, Gilles Vanderpooten, *J'ai fait un rêve*

Gilles Berhault, *Développement durable 2.0. L'internet peut-il sauver la planète?*
Philippe J. Bernard, Thierry Gaudin, Susan George, Stéphane Hessel, André Orléan, *Pour une société meilleure!*
Lucien Bianco, *La révolution fourvoyée. Parcours dans la Chine du XX<sup>e</sup> siècle*
Régis Bigot, *Fins de mois difficiles pour les classes moyennes*
Alain Bourdin, *Métapolis revisitée*
Alain Bourdin, *L'urbanisme d'après crise*
Bénédicte Boyer, *La vie rêvée des maires*
Pierre Carli, Hervé Le Bras, *Crise des liens, crise des lieux*
CARSED, *Le retour de la race*
Laurent Chamontin, *L'Empire sans limites*
Bernard Chevassus-au-Louis, *La biodiversité, c'est maintenant*
Pierre Clastres, *Archéologie de la violence. La guerre dans les sociétés primitives*
Daniel Cohn-Bendit, *Forget 68*
Pierre Conesa, *Guide du paradis. Publicité comparée des Au-delà*

## ÊTRE FRANÇAIS

Boris Cyrulnik, *La petite sirène de Copenhague*
Boris Cyrulnik, Edgar Morin, *Dialogue sur la nature humaine*
Caroline Dayer, *Sous les pavés, le genre*
Antoine Delestre, Clara Lévy, *Penser les totalitarismes*
Rachel Delcourt, *Shanghai l'ambitieuse*
François Desnoyers, Élise Moreau, *Tout beau, tout bio?*
Toumi Djaïdja, Adil Jazouli, *La Marche pour l'Égalité*
Thomas Flichy de La Neuville, *L'Iran au-delà de l'islamisme*
Tarik Ghezali, *Un rêve algérien*
Jean-François Gleizes (dir.), *La fin des paysans n'est pas pour demain*
Jean-François Gleizes (dir.), *Comment nourrir le monde?*
Jean-François Gleizes (dir.), *Le bonheur est dans les blés*
Hervé Glevarec, *La culture à l'ère de la diversité. Essai critique, trente ans après* La Distinction
Martin Gray, Mélanie Loisel, *Ma vie en partage*

## ÊTRE FRANÇAIS

Michel Griffon, *Pour des agricultures écologiquement intensives*

Michael Guet, *Dosta ! Voir les Roms autrement*

Luc Gwiazdzinski, Gilles Rabin, *Urbi et Orbi. Paris appartient à la ville et au monde*

Félix Guattari, *Lignes de fuite. Pour un autre monde de possibles*

Claude Hagège, *Parler, c'est tricoter*

Bertrand Hervieu, Jean Viard, *L'archipel paysan*

Françoise Héritier, *L'identique et le différent*

Stéphane Hessel, Gilles Vanderpooten, *Engagez-vous !*

Stéphane Hessel, avec Edgar Morin et Nicolas Truong, *Ma philosophie*

Jérôme Heurtaux, Cédric Pellen, *1989 à l'est de l'Europe*

François Hollande, Edgar Morin, *Dialogue sur la politique, la gauche et la crise*

Vianney Huguenot, *Jack Lang, dernière campagne. Éloge de la politique joyeuse*

François Jost, Denis Muzet, *Le téléprésident. Essai sur un pouvoir médiatique*

## ÊTRE FRANÇAIS

Marietta Karamanli, *La Grèce, victime ou responsable ?*
Dina Khapaeva, *Portrait critique de la Russie*
Hervé Le Bras, *L'invention de l'immigré*
Franck Lirzin, *Marseille. Itinéraire d'une rebelle*
Dominique Méda, *Travail : la révolution nécessaire*
Philippe Meirieu, Pierre Frackowiak, *L'éducation peut-elle être encore au cœur d'un projet de société ?*
Éric Meyer, *Cent drôles d'oiseaux de la forêt chinoise*
Éric Meyer, Laurent Zylberman, *Tibet, dernier cri*
Danielle Mitterrand, Gilles Vanderpooten, *Ce que je n'accepte pas*
Janine Mossuz-Lavau, *Pour qui nous prend-on ? Les « sottises » de nos politiques*
Liane Mozère, *Fleuves et rivières couleront toujours. Les nouvelles urbanités chinoises*
Manuel Musallam (avec Jean-Claude Petit), *Curé à Gaza*
Denis Muzet (dir.), *La France des illusions perdues*
Ngo Minh Thi Hoang, *Doit-on avoir peur de la Chine ?*
Pascal Noblet, *Pourquoi les SDF restent dans la rue*
Yves Paccalet, Gilles Vanderpooten, *Partageons ! L'utopie ou la guerre*

## ÊTRE FRANÇAIS

Jéromine Pasteur, Gilles Vanderpooten, *La vie est un chemin qui a du cœur*

Jérôme Pellissier, *Le temps ne fait rien à l'affaire...*

Edgard Pisani, *Mes mots. Pistes à réflexion*

Pun Ngai, *Made in China. Vivre avec les ouvrières chinoises*

Pierre Rabhi, *La part du colibri*

Dominique de Rambures, *Chine : le grand écart*

Hubert Ripoll, *Mémoire de là-bas. Une psychanalyse de l'exil*

Laurence Roulleau-Berger, *Désoccidentaliser la sociologie*

Youssef Seddik, *Le grand malentendu. L'Occident face au Coran*

Youssef Seddik, Gilles Vanderpooten, *Unissons-nous !*

Youssef Seddik, *Nous n'avons jamais lu le Coran*

Mariette Sineau, *La force du nombre*

Philippe Starck, Gilles Vanderpooten, *Impression d'Ailleurs*

Benjamin Stora (avec Thierry Leclère), *La guerre des mémoires*

Benjamin Stora, *Algérie 1954*

## ÊTRE FRANÇAIS

Didier Tabuteau, *Dis, c'était quoi la Sécu ?*
Nicolas Truong, *Résistances intellectuelles*
Gilles Vanderpooten, Christiane Hessel, *Stéphane Hessel, irrésistible optimiste*
Christian Vélot, *OGM : un choix de société*
Pierre Veltz, *Paris, France, monde*
Jean Viard, *Marseille. Le réveil violent d'une ville impossible*
Jean Viard, *La France dans le monde qui vient. La grande métamorphose*
Jean Viard, *Nouveau portrait de la France*
Jean Viard, *Fragments d'identité française*
Jean Viard, *Lettre aux paysans et aux autres sur un monde durable*
Jean Viard, *Penser la nature. Le tiers-espace entre ville et campagne*
Jean Viard, *Éloge de la mobilité*
Patrick Viveret, *Reconsidérer la richesse*
Julien Wagner, *La République aveugle*
Emna Belhaj Yahia, *Tunisie. Questions à mon pays*
Mathieu Zagrodzki, *Que fait la police ? Le rôle du policier dans la société*

Achevé d'imprimer en mars 2014
sur les presses de l'imprimerie Pulsio
pour le compte des éditions de l'Aube
rue Amédée Giniès, F-84240 La Tour d'Aigues

Numéro d'édition : 980
Dépôt légal : avril 2014
N° d'impression :

*Imprimé en Europe*